绝技人生

主编◎何语华

中国劳动社会保障出版社

图书在版编目（CIP）数据

绝技人生 / 何语华主编. -- 北京：中国劳动社会保障出版社，2022

ISBN 978-7-5167-5355-2

Ⅰ. ①绝… Ⅱ. ①何… Ⅲ. ①技术工人 - 先进事迹 - 中国 - 现代 Ⅳ. ① K828.1

中国版本图书馆 CIP 数据核字（2022）第 138622 号

中国劳动社会保障出版社出版发行

（北京市惠新东街 1 号 邮政编码：100029）

*

北京市艺辉印刷有限公司印刷装订 新华书店经销

787 毫米 × 1092 毫米 16 开本 5.25 印张 77 千字

2022 年 8 月第 1 版 2022 年 8 月第 3 次印刷

定价：20.00 元

读者服务部电话：（010）64929211/84209101/64921644

营销中心电话：（010）64962347

出版社网址：http://www.class.com.cn

http://jg.class.com.cn

前　言

2020年12月，中华人民共和国第一届职业技能大赛在广东省广州市举办。本次大赛是新中国成立以来，赛事规格最高、竞赛项目最多、参赛规模最大、技能水平最高、社会影响力最广泛的综合性国家职业技能大赛。为进一步营造劳动光荣、知识崇高、人才宝贵、创造伟大的社会氛围，大赛组委会和执委会共同策划主办了“中华绝技”展演活动。在171个报名项目中，选出展播项目40个，现场展演项目20个。经过专家、媒体、企业代表打分、现场观众投票、网民线上投票，数控微雕等10项技能绝技绝活脱颖而出，被评为中华人民共和国第一届职业技能大赛“最受欢迎的中华十大绝技”。

中华有绝技，行行出状元。这些来自各领域、各行业的技能高手都拥有令人目不暇接的绝技绝活。他们中有的精益求精、追求卓越，制造出高端精密的产业精品；有的执着专注、一丝不苟，呈现出精美绝伦的工艺作品；有的善于传承、勇于创新，创造出叹为观止的艺术杰作。他们充分发挥中华技能大奖、全国技术能手、技能大师工作室的示范作用，积极做好“传、帮、带”，让更多的年轻人学习技能、热爱技能、传承创新。

台上一分钟，台下十年功。参赛选手现场展演的时间很短，但他们在场下为精进技能的艰苦付出，却是长年累月、持之以恒的。为了帮助技工院校学生感受这些绝技的独特魅力，体味这些神匠巧手的自励人生，我们编写了这本书，图文并茂地表现技能之美、创造之美。我们在介绍每项绝技后，还呈现了二维码，读者可以扫码观看绝技展演视频。

本书既可作为技工院校学生的读物，也可供广大青少年、技能爱好者阅读。

本书由何语华主编，重庆市果冻文化传播有限公司绘图，毕馨玥参与构图策划。

本书的编写得到了人力资源和社会保障部国际交流服务中心、中国藏学研究中心以及大能手教育科技（北京）有限公司的大力支持。在此，谨向上述单位致以诚挚的谢意！由于时间仓促，不足之处在所难免，请广大读者在使用过程中提出宝贵意见。

编　者

2022年6月

目录

壹 数控微雕……01

贰 拉坯成型……09

叁 玑镂刻花……15

肆 美发造型……23

伍 响搨技艺……31

陆 漳浦剪纸……39

柒 陶瓷微书……47

捌 花式调酒……55

玖 芜湖铁画……63

拾 唐卡绘制……71

壹

数控微雕

你见过雕刻，但你未必见过这种要用高倍显微镜才能看清的微型雕刻。

数控微雕是高端装备和精密设备零件加工的关键技术。这些零件关系到“嫦娥”能否顺利飞天，“蛟龙”能否安全潜海，“天河”能否高效运转，高铁能否飞速奔驰……每一个零件都要求绝对精确无误。唯有精细入微，方可铸就国之重器。

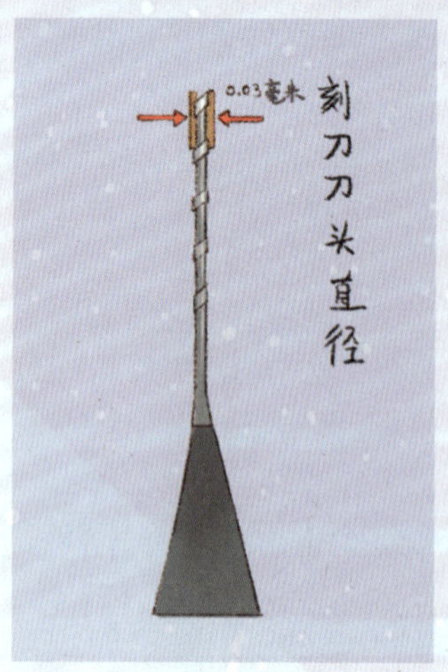

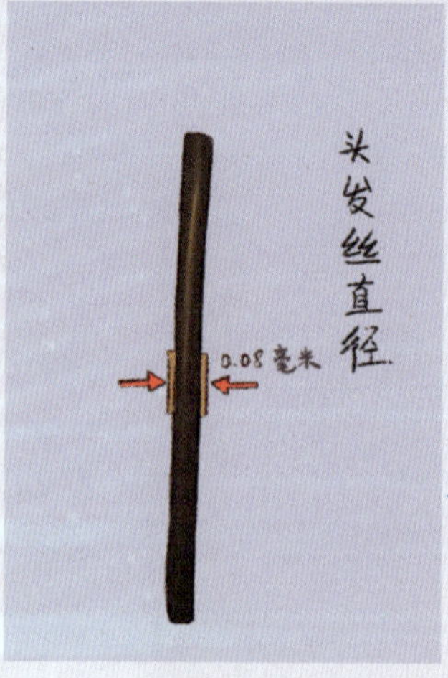

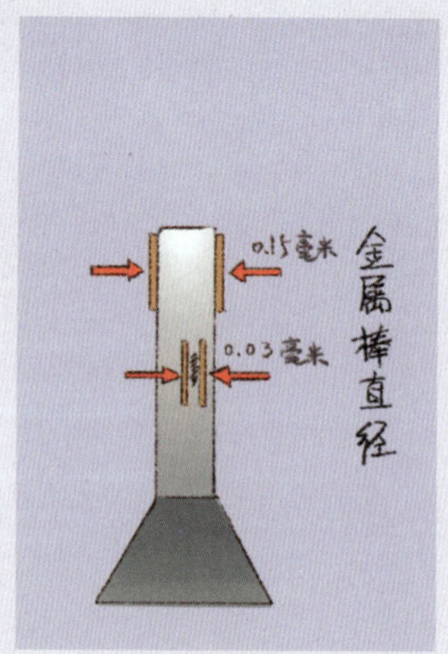

有人把数控微雕比喻成在钢丝上跳舞，一点儿都不为过。头发丝的直径约为 0.08 毫米，用直径比头发丝还细 0.05 毫米的刻刀刀头在直径 0.15 毫米的金属棒上刻字，你见过吗？在中华人民共和国第一届职业技能大赛上，中国航天科工二院高级技师常晓飞展示了这一绝技。

在这么细的金属棒上刻字，需要综合考虑金属材料的特性、刀具的硬度和大小，以及机床本身的特性，从而设计出最佳的加工方案。

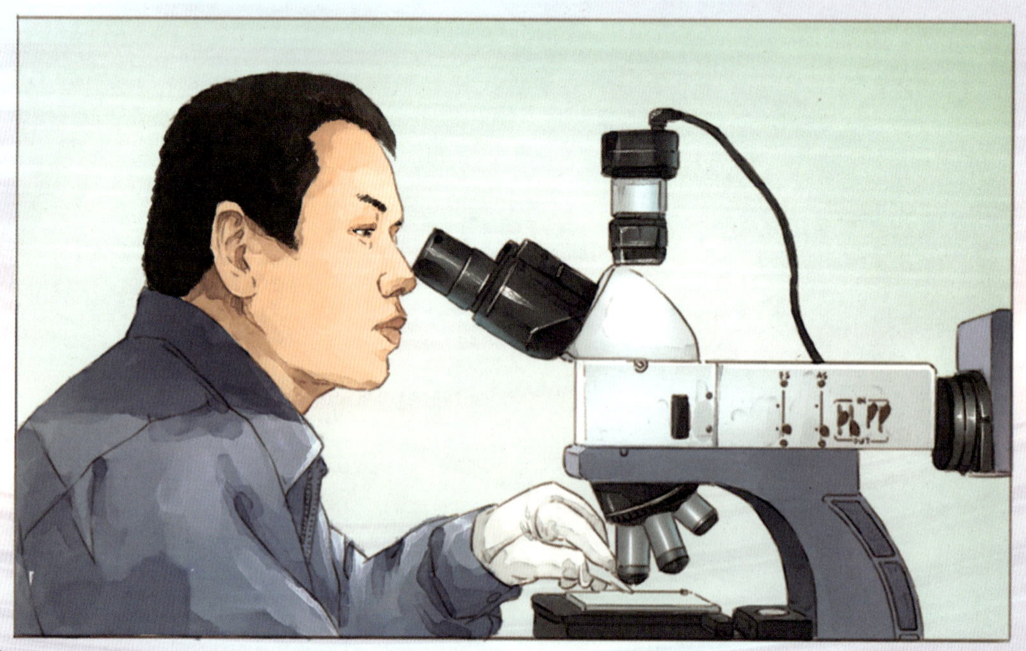

第一步

加工圆柱

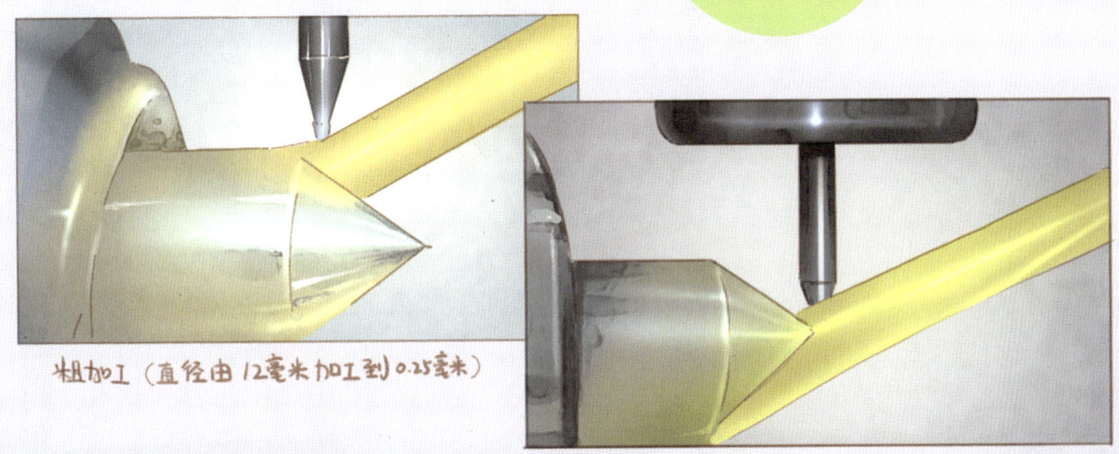

粗加工（直径由12毫米加工到0.25毫米）

精加工（直径由0.25毫米加工到0.15毫米）

第二步

编写雕刻程序

第三步
装夹刀具

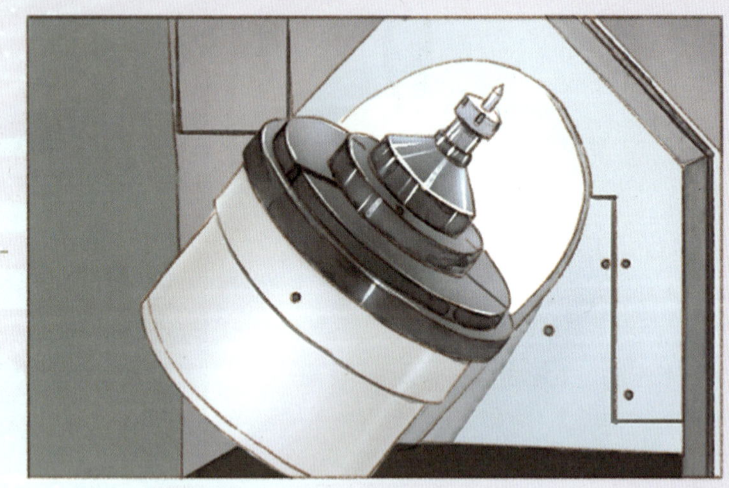

第四步
切削刻写

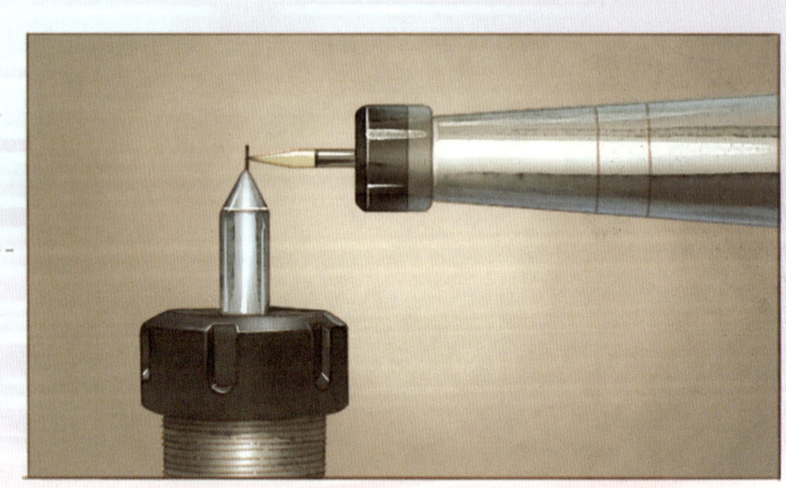

经过约 20 分钟的加工雕刻，在高倍显微镜下“中华绝技”4 个精美细致的宋体字赫然纵列。其中，“中”字一竖的宽度比头发丝的直径还小 0.05 毫米。

目前，国内能制作出如此精度零件的工匠寥寥无几。传说，东海有根定海神针，上刻“如意金箍棒”，可随心所欲变化大小。如今一根金属棒，在常晓飞手里，变到极致的小，用于铸就大国重器核心部件。

木雕尚可镂空，数控微雕亦可钻孔。在小孔加工领域，目前世界上最高水平是直径 0.01 毫米，常晓飞已经能非常熟练地达到 0.03 毫米，而能达到这样精度的人也是屈指可数的。

在这次大赛上，他在指甲盖大小的面积上打下了 100 个用肉眼看不到的小孔，只有在强光照射下，才能看到这些小孔所呈现的图案——一支熊熊燃烧的火炬。

在数控加工领域，直径 1 毫米的孔，其深度与刀具直径的比值大于 5，就属于难加工的孔了，而有些精密零件竟要加工 18 倍径的深孔，其难度是极大的。在高标准的工作面前，常晓飞不断挑战加工极限，查阅资料、分析材料、修改程序、比对试验、改进方法……他尝试用不同的工艺加工同一个零件，尽力用最好的方法制作出产品，他要把每一个零件都做到极致。

国家利益高于一切

国家利益高于一切。每一项大国重器、超级工程的诞生，都离不开工匠们接续奋斗的实干，都印刻着奋斗者刀锋起舞的身影，中国工匠以“偏毫厘不敢安”的一丝不苟，“千万锤成一器”的卓越追求，不断助推我国从制造大国向制造强国迈进。

贰

拉坯成型

你如果到过景德镇，逛过瓷器店，就一定会被琳琅满目的各种瓷器吸引。制作一件精美的瓷器要经过许多复杂的工序，而拉坯是器物成型的第一步。

拉坯，也称为做坯，就是用泥料做出器物的形状。坯做得好不好，直接关系到整件作品的成败。

在传统制瓷工艺中，简单的器物（如盘子、碗等）可以一次成型，而结构比较复杂的大件，则需要分节制坯，然后再拼接起来。这样的方法虽然稳妥，但费时费料，而且造型效果会打折扣。景德镇陶瓷工匠占绍林在传统工艺基础上练就了一体成型拉坯技术，铸就了陶瓷大件成型技术新的里程碑。

三节拉坯法

06:53:04

- 效果差
- 费泥多
- 用时长

一体成型法

05:21:05

- 效果好
- 费泥少
- 用时短

拉坯必备的工具和材料包括拉坯机、揉泥凳、泥料、木板、清水、海绵、尺子等。

拉坯前，要保持坐姿端正、心态平和，对泥料的多少、器型的大小、形状如何，做到胸有成竹。

1

· 揉泥

揉泥是为去除泥料中的气泡和杂质，使水和泥料充分融合，从而增强泥料的致密度和可塑性。揉泥是器物成型的前奏。

2

· 定中心

定中心是指将泥料用力拍向拉坯机转盘的中心点，使泥料与机器紧密贴合。定中心是拉坯过程中很重要的一环。

3

· 抱泥

抱泥是指根据车盘旋转的方向和速度有效地使用水，双手上下反复揉和泥料，调整其干湿和软硬程度，保持坯体的滑润柔腻，以便于泥料成型。

4

· 开孔

开孔是指用手护住泥料外侧，用拇指从顶部中间往下慢压，而后沿内壁按挤并向外拉孔。孔成之后再做好底部。整个过程中，双手要分工合作、协调灵活，同时注意力量和指法变换。

5

· **提泥**

由于开孔导致泥料由下向上不断拔高，所以在开孔的同时，要用手蘸取适量清水，从外侧配合将泥料往上提拉，以保证泥胎外形不走样。这便是提泥。

6

· **走型**

几乎所有器型都是由筒状变形而来的。走型是指在拉出雏形之后，跟随拉坯机的转动，通过提、挤、掐、扩等技法，塑出器物的底、腹、肩、颈、口等部位。

7

· **修型**

修型是对坯体的进一步完善。一般工匠习惯用竹篾，而占绍林独用半根锯条。其一端是圆形，可以塑弧形凹槽；另一端是方形，可以雕刻线条；中间的长度刻度便于在顶部打磨时保持半径一致。占绍林手拿锯条修坯，手上功夫精确到微毫，器物造型、坯体厚薄、流线弧度等都拿捏得非常精准。

在占绍林手里，开孔、提泥、走型等工序并非完全分步完成，而是一体完成的。一坨泥疙瘩，经他之手能翻出意想不到的花样：先被拉成花瓶，然后花瓶上又拉出一只碗，接着在碗上面再拉出一只杯……最后，一件精美的瓷坯就呈现在大家面前，整个过程一气呵成，毫不拖泥带水。

占绍林是怎样想到拉坯一体成型的呢？这缘于他的一次参观交流。一位陶艺家把拉坯技法和雕塑手法融为一体，给他带来了灵感和启发。回到景德镇，占绍林就开始揣摩大件拉坯一体成型技术。

然而，真正上手的时候，占绍林却发现困难比想象中大得多。拉坯是审美和技艺的结合，是一项精细活，手上的力度、角度稍有差错就会前功尽弃。经过无数次的失败与坚持，经过十多年的苦练与琢磨，他终于实现了对传统技艺的重大突破，成为景德镇陶瓷大件一次拉坯成型的领军人物。

从业二十多年，占绍林获得的荣誉无数。在他看来，秘而不传非君子，薪火相传是正道。现在，每年都有几十所院校的师生来到他的工作室学习和实践，他指导的学员也遍布全国各地。他说：“既要把东西做好，做出新意，还要做好传承，这才是真正的工匠精神。”

叁

玑镂刻花

当你经过商场的钟表柜台时，是否曾经留意过那些表盘上精美的花纹？有流畅柔美的水波纹，有光芒四射的太阳纹，有细密繁复的花瓣纹，以及其他许多复杂精细的几何花纹。每一种花纹都有其独特的艺术内涵和审美意味。它们在光源下熠熠生辉，给人们带来精致高雅的视觉享受。你知道它们是怎样被做出来的吗？是印制或者冲压？不，都不是，它们是雕刻而成的。

人们把这种雕刻工艺称为玑镂。玑镂的本意是具有循环性的弯曲和交错的装饰线，后来指用机器辅助人手雕刻图案的工艺。这种工艺起源于古希腊，曾被伦敦的木匠普遍运用于家具装饰，18 世纪后期被制表师引入表盘装饰，现在也被应用于珠宝设计等领域。

绘制图样

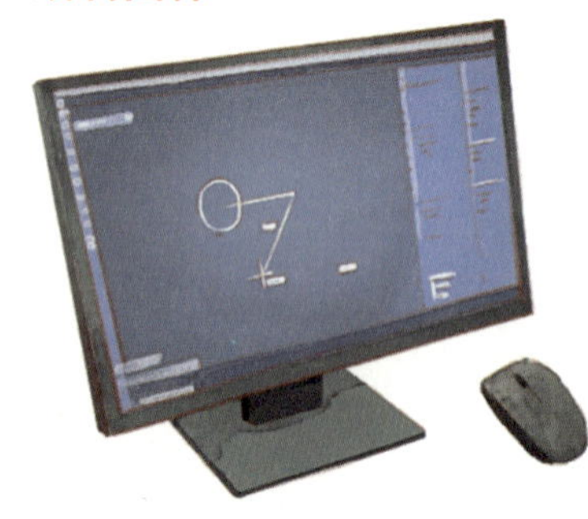

玑镂以金属盘片为画布雕刻图案。在雕刻之前，首先要根据所需的图案绘制图样。

加工基准线

然后根据图样，用直尺、圆规等在金属盘片上绘制加工基准线。

玑镂雕刻机是一种复杂而精细的器械，包括刻刀承接装置和玑镂形成装置两个部分，它们被固定在同一个工作台上。

刻刀承接装置用来安装刻刀，刻刀匣可以前后推动，当刀头接触到金属盘片表面，切进一定的深度后，即可进行雕刻。

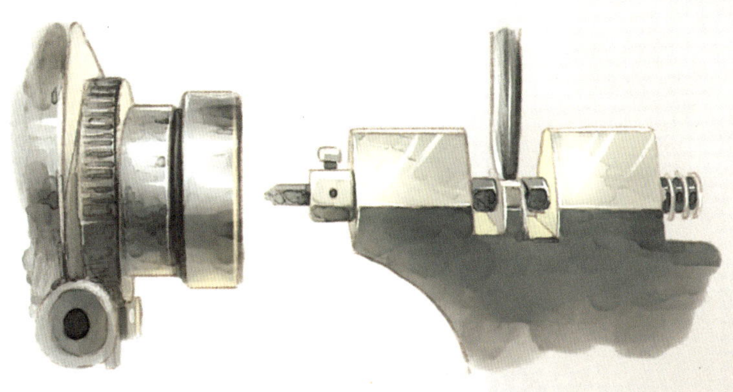

玑镂形成装置有一杆旋转轴。轴的前端用来安装待加工的金属盘片。轴的中部装有若干个玑镂形成轮，每个形成轮的半径和厚薄不同，其边齿花纹形状各异。这些纹路直接控制着雕刻出来的花纹样式。需要雕刻怎样的纹路，就选择怎样的形成轮。轴的后部装有皮带轮，它与玑镂形成轮、前端手摇柄通过传动装置联系在一起。手摇轮柄时，金属盘片根据传来的纹路压着刻刀削刮，从而雕刻出需要的花纹。

传统的雕刻工艺是器件固定，通过刀具的移动刻出不同的花纹，而玑镂则是刀头不动，被刻的器件根据花纹的需要移动。花纹的样式和均匀度则全凭工匠的手感来操控。德国玑镂大师本辛格说：“你用手转动作品，你的手控制着零件压在刀具上的力。这一切全是一种感觉。”

程育财是中国玑镂领域的大师。程育财出身钳工，2005 年转到珠宝行业。他与玑镂的缘分始于 2013 年。一天，一个古董商人拿来一个沙皇俄国时期的玑镂烟盒，并称中国没有人能够做出这样的花纹。当时，程育财不知道哪儿来的勇气，马上回答：“我能!”随后，程育财毅然辞掉收入颇丰的工作，来到郑州新密市伏羲山脚下的两间小屋里，开启了钻研玑镂的艰辛之路。

没有机器，自己造；没有人教，自己琢磨。程育财小学都没读完，却硬是靠以前做过机械加工和钳工的一些经验，一个零件一个零件地去切削、去刮研、去装配。每天工作十六七个小时，一个人在山里面不出来。经过两年多的时间，废了数不清的材料，做坏了好几台机器，他终于造出第一台可以使用的玑镂机。此后，程育财不断改进技术，先后造出了立式玑镂机、卧式玑镂机、曲面玑镂机，使镂刻出的图案精美绝伦、变幻莫测。

造玑镂机难，而雕刻玑镂花纹又何尝不是一件苦差事？金属盘片的尺寸很小，在上边进行复杂的雕刻本身就是一件高难度的工作。一旦开工，就必须眼盯刻刀，右手轻敲刻度器，进刀深度只有 0.12 毫米，分 4 次进刀，左手转动摇柄，每转 390 圈，玑镂纹才走一圈。纹路简单的，需要转动 5 万多圈，耗时 8 小时以上；纹路复杂的，需要转动十几万次，耗时两三天。这是一种既耗费时间又耗费精力，并且还会让匠师感到如履薄冰的工艺。因为数个小时的工作，很有可能因为一瞬间的毫厘误差而前功尽弃。玑镂花纹精美绝伦的背后，是匠师高度的专注力、优秀的协调性及超常的耐心和细心。

2020 年 12 月 11 日，在中华人民共和国第一届职业技能大赛中，程育财带着他的玑镂刻花惊艳四座。一手转动转轮，一手操控刻刀，美丽的纹理似水波一般由中心向外涤荡开来，在不同的角度之下折射出不同的璀璨光芒，而金属表面却依然平滑如玉，丝毫摸不出雕刻的痕迹。现场评分的 10 位专家，有 3 位给了他满分。

程育财一战成名，他的玑镂刻花受到国内外钟表设计师、珠宝设计师的青睐，并逐渐走进大众视野。在这些鲜花和掌声背后，是他一往无前的魄力和精益求精的精神，以及对待工艺的虔诚和敬畏之心。

如何把玑镂继续发扬光大呢？程育财拒绝了许多大公司的邀请，选择成为一名老师。他期待通过身体力行，引导更多的青年学生传承和发展这门技术。他始终在用自己灵活的双手，坚守着内心的那份执着。

肆

美发造型

有人说，这个世界并不缺少美，而是缺少修饰。一片丛生的灌木在园丁的修剪下可以呈现出许多好看的造型。一个原本普通的女孩子，明明没有化妆，只是换了发型或是剪了刘海，就像变了一个人。难怪有人说，美发就是美的发现。

“一把剪刀，秀出风采”，这是对美发师精湛技艺的夸赞，然而要练成这样的技艺实属不易。美发师要做的第一件事是发型设计。发型设计要综合考虑顾客的头型、脸型、五官、肤色、发质、体态、年龄，以及职业特征、性格特点、审美情趣，甚至季节及顾客需要出席的特定场合。优秀的发型设计，不仅能让顾客感到惊喜，也能惊艳四座。

发型设计要遵循形式美的基本法则，头发的线条、形状、比例、重量、色彩、质感、纹理要与人体特征等和谐统一。像建筑设计一样，美发师要对发型的外部轮廓、分区、层次做到心中有数，要处理好头发的长度、厚度、弧度，塑造出头发的光泽感和跃动感，做到比例适当、节奏和谐、重点突出、元素协调、整体平衡。

洗、剪、吹、烫、染、拉是美发的主要手段，每一种手段都包含许多手法和技巧。一把剪刀、一把梳子、一条围裙、一面镜子……美发师在你的身后摆弄你的头发，梳梳剪剪，剪剪梳梳，胸有成竹，拿捏自如，这一切都离不开美发师精准娴熟的控制力。

所谓控制力，就是对头发的掌控力。如果说设计理念是发型设计的思想先导，那么控制力就是实现设计理念的核心能力。

中华人民共和国第一届职业技能大赛“最受欢迎的中华十大绝技”之一——美发造型的展演者李文猛说：“把丝状的头发做成片状，然后在立体空间里创造，达到想要的结构，包括不连接的层次、线条、纹理，核心在于控制力。”发型控制力主要体现在剪刀的应用和发片的控制上。美发师左手拿捏头发，右手操持剪刀，上提下拉，前后雕琢，一剪一梳都关乎作品是否完美。发型控制力是一项需要美发师终生钻研、精进磨炼的技能。

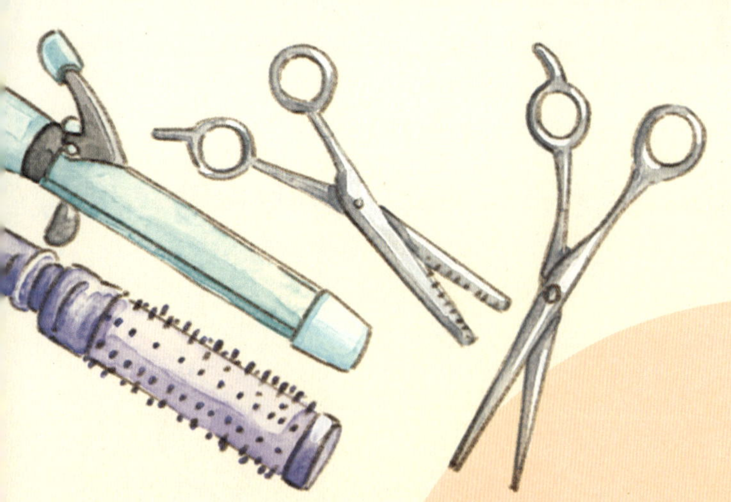

单有技术成不了优秀的美发师。作为服务行业的从业人员，美发师还要有先进的服务理念和良好的沟通技巧。美发师必须在最短的时间内了解顾客的需求，迅速找到他们的风格定位，并让他们完全理解美发师的设计思路。

绝技

让顾客感受到文明、礼貌、热情、周到的服务，感受到美发师敬业、专业、精益求精的职业素养，从而获得良好的美发体验，也是美发师需要修炼的课程。

流行一直在变。一位优秀的美发师总是拥有敏锐的洞察力，能够将时尚元素融入自己的作品，通过大胆创新，引领时尚潮流，塑造行业价值。“用双手定义时尚，满足顾客对美好生活的向往，是新时代中国美发业的使命。”作为世界技能大赛美发项目教练组组长，李文猛还有一个愿望，那就是传播中华美发业理念，展示中华美发业力量，让中国美发业登上世界荣誉殿堂。

伍 响搨技艺

响搨，也称双钩廓填，即把纸或绢覆在墨迹上，向光照明，双钩填墨，搨出副本保存或流传。响搨是我国古老的书法复制技艺，始于魏晋南北朝，兴盛于唐朝，距今已有 1 000 多年的历史。传世晋唐书法作品有很多是响搨本。

临写

响搨

拓本

刻本

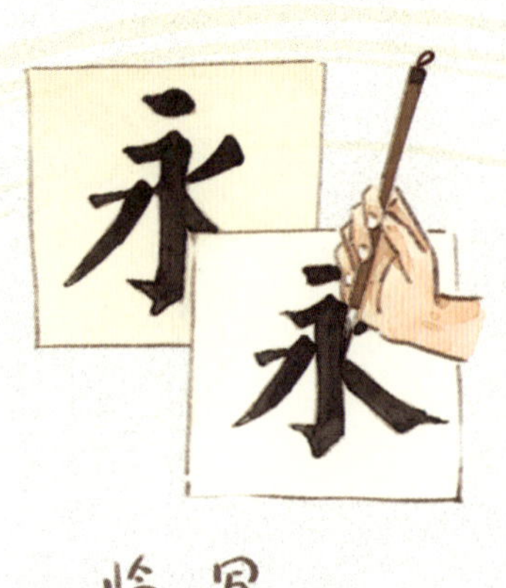

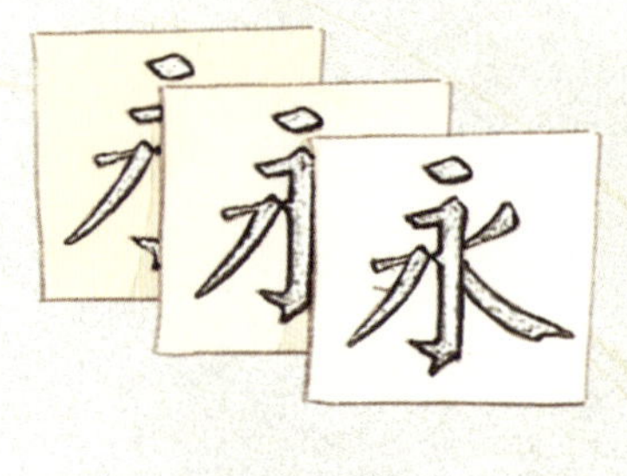

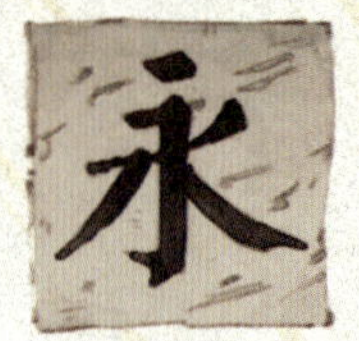

古代复制书法作品的方法主要有四种，即临写、响搨、拓本及刻本，其中以响搨最为接近原作。优秀的搨本能保持原作的笔墨意趣和神态风韵，与真迹相差无几，被誉为“下真迹一等”。唐太宗得《兰亭序》后，曾命宫廷搨书手赵模、韩道政、冯承素、诸葛贞等人各搨数本，赏赐给皇子及近臣，其中冯承素摹搨的“神龙本”是公认最好的摹本。

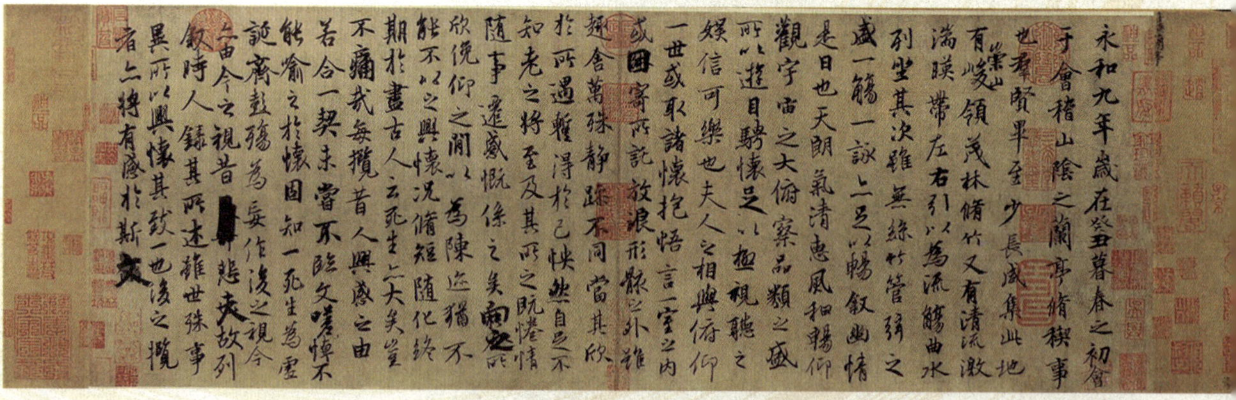

王羲之《兰亭序》（冯承素摹本）

响搨一部作品，首先需要准备好笔墨纸砚。要根据原作的特点选择粗细适宜、软硬适度的勾线笔、填墨笔，尽可能选择与书法家当时使用的纸墨相吻合的纸张和墨汁。响搨还有一个重要条件，那就是透光，古代是在暗室里依窗透光钩摹，如今多使用拷贝台等透视设备。

在准备工作完成后，响搨作品时还需要完成三道工序。

第一步：勾线，即把纸覆在原作上，对着影线轻笔细纹勾出空心字。不仅要勾出字的轮廓，还要把原作用笔的浓淡、飞白、破锋、贼毫等精准地显现出来。

第二步：读稿，即研究原作的笔法、笔势、笔意特征，并查阅资料，了解书法家的生平、性格、爱好和书法特点，细心揣摩其创作时的心境和意图，做到胸有成竹，以使搨本形神兼备。

第三步：双钩填墨，即以笔蘸墨，压住勾线，一笔而下，一气呵成。这既要有深厚的书法功夫，又要有扎实的临摹技法。书写过程中，要意守丹田，心无旁骛，笔力聚于笔锋，行笔稳健。

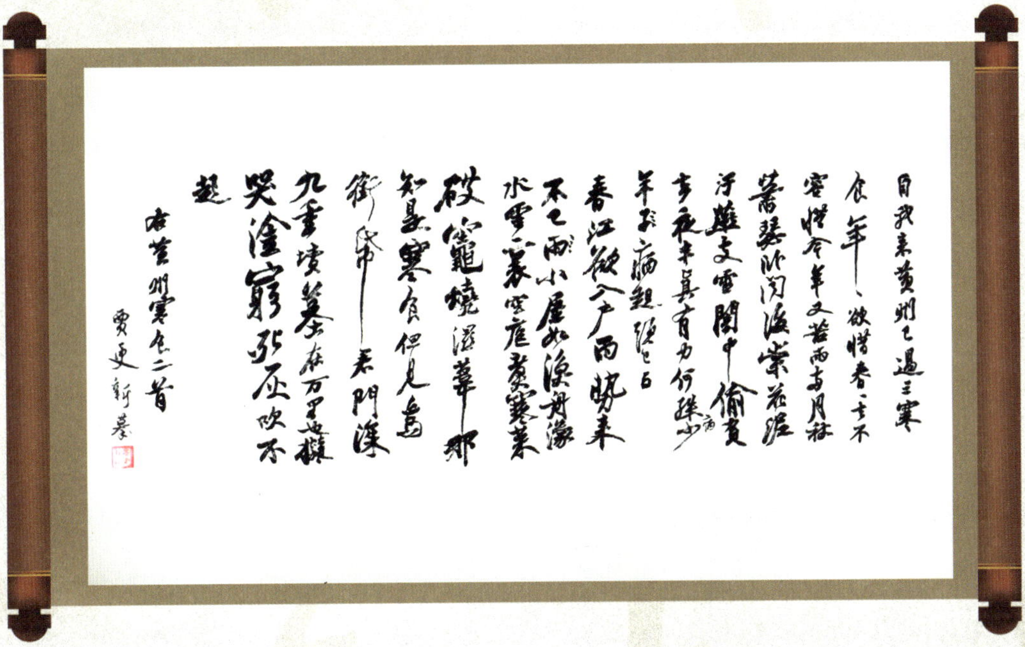

响搨技艺的出现解决了书法传承保护的难题，为弘扬我国优秀传统文化发挥了积极的作用。然而，这项传承千年的技艺却后继乏人。山西阳泉人贾更新是全国首屈一指的、能熟练运用响搨技艺临摹书法作品的民间艺人。在中华人民共和国第一届职业技能大赛上，他现场展演了王羲之《兰亭序》摹本、苏东坡《寒食帖》摹本、黄庭坚《松风阁诗帖》摹本等作品。他用精湛的技艺征服了嘉宾和观众，使响搨技艺成功入选“最受欢迎的中华十大绝技”。

阳泉响搨技艺的历史传承要从贾更新的祖父贾步室说起。贾步室师从清末内书大师马少宣，成为阳泉响搨技艺的传承人。贾更新的父亲贾广汉接续传承。响搨对于传承人自身的书法素养要求极高。贾更新6岁开始练习书法，在父亲的影响下钻研响搨技艺。随着年龄的增长，贾更新对书法日渐沉迷，从被动练习变为主动研修。经过几十年持之以恒的坚守，他具备了深厚的书法功底，练就了形神兼备的响搨技艺。

近几年，在继承传统技法的同时，贾更新也对响搨技艺进行了大胆创新。古代书法作品多是小字手卷，现在人们的审美观念发生了变化，需要把小字放大后裱挂在居室、楼堂馆所，以便观赏学习和陶冶情操。把字放大的技术简单，而填墨的技法很难，他经过多年的研习，通过手臂、肘、腕、指的协调动作和灵活运用，再现原作小字的笔法，从而传达出原作的意味和神韵。

在复制技术高度发达的今天，响搨依然是书法作品保存和传承时不可替代甚至难以超越的手段，因为那些数字复制品缺少搨本初写黄庭、力透纸背的韵味。为了把这项传统技艺传承下去，贾更新带着自己的作品参加各种展览，并利用业余时间教授学生，他要用传承千年的笔墨孜孜不倦地探索古人的境界与高度。一纸翰墨，毕生热忱俱付；一笔响搨，尽显古韵风华。

漳浦剪纸

中国剪纸历史悠久，群众基础广泛，是各种民俗活动的重要组成部分。2009 年，中国剪纸被列入联合国教科文组织人类非物质文化遗产代表作名录。在这个艺术百花园里，福建漳浦剪纸以其独特的表现手法及丰富的文化历史意蕴自成一家，成为中国剪纸南方派的代表。2008 年，漳浦剪纸入选国家级非物质文化遗产扩展项目名录。

漳浦剪纸最初只是作为刺绣的底样。随着闽南各种民俗活动的开展及受北方贴窗花等中原文化的影响，漳浦剪纸开始应用于婚庆、祭拜等活动。人们剪出各种各样的纸花贴在礼品、祭品上，寄托美好的心愿。明清以后，漳浦剪纸逐渐脱离刺绣成为一种独特的民间艺术。

陈金《踩水车》

黄素《拔河》

林桃《丰收》

陈铇来《牧牛》

在漳浦，人们把女红技艺精湛、德高望重的阿婆称为“花姆”。说到漳浦剪纸，人人都会怀念已故的四位花姆、闽南“四大神剪”：陈金、黄素、林桃、陈铇来。陈金、黄素借鉴传统刺绣表现手法，创造了排剪技法，形成漳浦剪纸构图丰富匀称、线条繁复细腻的写实特色。林桃、陈铇来立足乡土生活，注重主观想象，开创了漳浦剪纸构图奇巧、古拙抽象的写意风气。她们都是地地道道的农民或渔民，剪纸并非职业，而是年少时的功课、长年的素养、自觉的传承。

改革开放后，漳浦县十分重视剪纸艺术的保护与传承。如今，漳浦剪纸已形成老、中、青、少四个创作梯队，陈秋日、张峥嵘、高少苹、欧阳艳君、陈燕榕、卢淑蓉等剪纸艺人汲取各种艺术流派的营养，致力于艺术创新，使漳浦剪纸呈现出多元化的艺术风格。曾芳芳则是青年剪纸艺人中的佼佼者。2020 年，她带着作品《海丝风韵》登上“中华绝技”现场展演舞台，使漳浦剪纸成功入选“最受欢迎的中华十大绝技”。

曾芳芳与剪纸艺术家卢淑蓉是邻居，从小耳濡目染，就喜欢上了剪纸。不过，让她真正学习剪纸的是陪孩子做手工。孩子三四岁的时候，她陪孩子一起学习剪纸，从此便爱不释手，并开始跟随卢淑蓉等大师学习。曾芳芳毕业于福建师范大学美术系，就职于漳州技师学院。由于具有良好的美术功底，且肯潜心研修，她的剪纸技艺得到了显著提高，并成长为漳浦剪纸传承人。

漳浦剪纸以构图丰满匀称、对称平衡、线条连贯简练、连接自然、细腻雅致著称，在色彩上以单色为主。当制作彩色或套色剪纸时，会在对比色中求协调，使其具有强烈的工艺装饰效果。

剪纸的创作工具十分简单，只需一支笔、一把剪刀或刻刀和一些纸张。其基本流程包括绘底稿、剪刻、揭离、成品修改等。

漳浦剪纸在技法上，以阳剪为主、阴剪为辅，二者互为补充，密切配合，使整个画面主次分明，错落有致，富有层次感。排剪技法的运用，充分体现了漳浦剪纸纤巧细腻的特点。

阳剪，就是留住绘图中的造型线，把其他部分剪掉，剪出来的是一个实形。阳剪作品以线为主，讲究线线相连，作品玲珑细致。

阴剪，就是去除绘图中的造型线，留住大块的面，剪出来的是一个虚形。阴剪作品以面为主，讲究线线相断，作品厚重结实。

排剪，就是在有限的画面中成排成排地剪，可以剪出非常细的、类似毛边的形状，要求尖如麦芒、细如毫发。这一技法在塑造羽毛、花瓣、鱼鳞等图案时，能使作品丝丝入扣、栩栩如生。

漳浦剪纸除因技法精湛而独树一帜外，其所蕴涵的那份美好、所寄寓的那份情思，更是楚楚动人。咔嚓、咔嚓……刀锋过后，纸屑落下，一条条或纤细、或粗犷的线条，连接起一个个或逼真、或写意的形象，留下一幅幅千姿百态的质朴画面：有儿时的红肚兜，有新娘的红盖头，有溪中畅游的鱼儿，有树林里吃草的牛羊……薄薄的纸片，折叠的是千年的文化，镂空的是悠远的情思，展开的是美好的期盼，张贴的是心中不散的乡愁。

柒

陶瓷微书

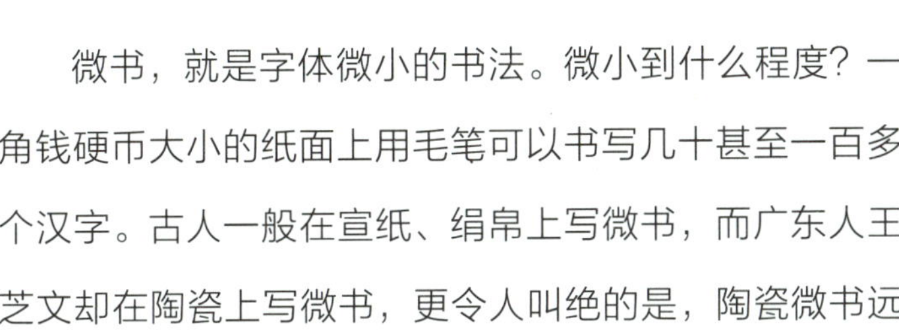

微书，就是字体微小的书法。微小到什么程度？一角钱硬币大小的纸面上用毛笔可以书写几十甚至一百多个汉字。古人一般在宣纸、绢帛上写微书，而广东人王芝文却在陶瓷上写微书，更令人叫绝的是，陶瓷微书远看是件器物，近看则是幅画，只有拿起放大镜才能看得出密密麻麻的诗文。用微书把诗文写在陶瓷上，绘成人物、山水和花鸟，这在中国瓷器史上还是首创。2014年，陶瓷微书被列入国家级非物质文化遗产代表性项目名录，王芝文成为这个项目的代表性传承人。

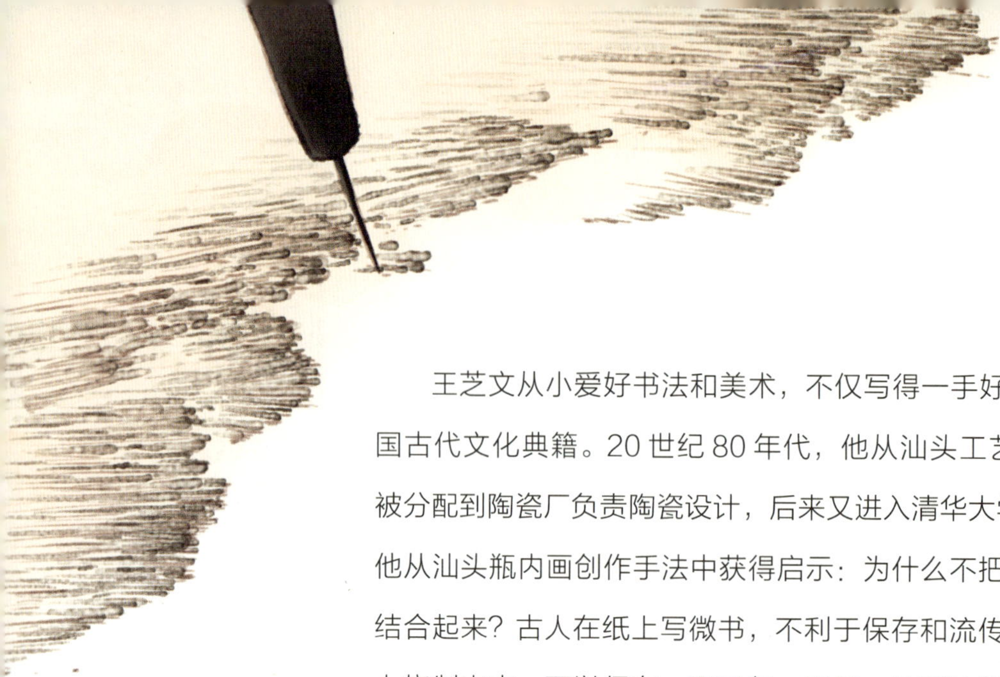

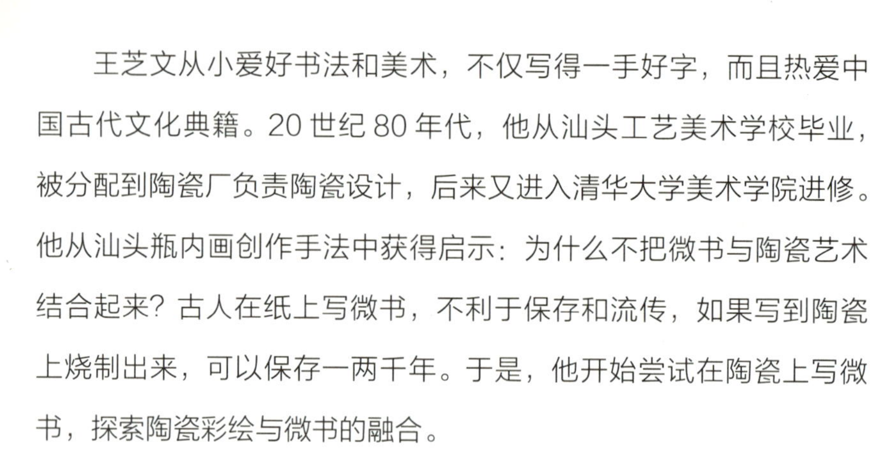

王芝文从小爱好书法和美术，不仅写得一手好字，而且热爱中国古代文化典籍。20 世纪 80 年代，他从汕头工艺美术学校毕业，被分配到陶瓷厂负责陶瓷设计，后来又进入清华大学美术学院进修。他从汕头瓶内画创作手法中获得启示：为什么不把微书与陶瓷艺术结合起来？古人在纸上写微书，不利于保存和流传，如果写到陶瓷上烧制出来，可以保存一两千年。于是，他开始尝试在陶瓷上写微书，探索陶瓷彩绘与微书的融合。

陶瓷微书对于王芝文来说，完全靠他自己揣摩研究。如此蹊径独辟，初始之时他人自然不以为意。然而，王芝文动心忍性，锲而不舍，全凭肉眼裸视，由纸到瓷，由小到微，由书到画，反复练习，苦心笔耕，终于守得云开见月明。1989 年，他的陶瓷微书《古文观止》参加展览后，引起了人们广泛的关注。此后，他继续耕耘，不断挑战，终于取得了引人瞩目的艺术成就。1995 年以来，其作品获得国家级和省级金奖 30 多项，代表作《三国志》获“大世界基尼斯之最”。多件作品被人民大会堂、故宫博物院、中国国家博物馆、中国美术馆等收藏，并被作为国礼赠送外国政要及知名人士。

中国书画离不开文房四宝。与纸质微书的创作载体不同，陶瓷微书以各式各样的瓷质板、壶、罐、瓶、盘、碗、茶具等器具作为载体。由于釉墨的挥发性大，毛笔更是软硬不同，王芝文每每根据需求自制釉墨和毛笔，运用彩绘调料的经验制墨，并把狼毫和羊毫结合使用，因书制宜。

陶瓷微书的创作需要综合考虑器型、图形、色调、装饰等因素进行构思，从表现形态看，大致有三种类型。

纯微书。代表作有陶瓷箭筒微书《三国志》。

箭筒高85厘米、直径29厘米，书写35万多个繁体字。《三国志》荣获“大世界基尼斯之最”。

以字组画。代表作有瓷盘微书《国色天香》。

瓷盘直径28厘米。在牡丹花叶中写有10万字的《岁时杂咏》，其字字紧扣，浑然天成，形神具备。

以图配字。代表作有汉光瓷山水微书《朱子家训》。

瓷碗高12厘米、直径22厘米，上为山水，下为《朱子家训》。现被钓鱼台国宾馆收藏。

陶瓷微书要成为一件成品，需经过三次烧制，分别是烧成坯、上墨后再烧、上色后再烧。然而，这个过程难以把握，欠火则稚，过火则老，且有破损之险。对王芝文来说，每一次烧制都是几天几夜的煎熬，直到作品成功烧制出来，才能放下心头的那块大石。在汕头的王芝文陶瓷微书艺术馆里，陈列了许多残损破碎之作。作品虽损，但饱含了创作者的心血，也昭示了其无惧失败、砥砺前行的精神。

陶瓷微书集陶瓷、书法、国画、文学四门艺术于一体，是材料、技术、设计三要素的融合，创作者必须具备多方面的素质和条件。清华大学美术学院的一名资深教授说：“在瓷器釉面上书写，不仅要稳、要准、要有感觉，而且还要有悟性，这不只是一种功夫和技能的掌握，更是一种心境的修炼。”正因如此，尽管爱好陶瓷微书的人不少，但能坚持下来的却寥寥无几。王芝文担心如果未来不能找到更多的传承者，这个年轻的非遗技艺就有失传之虞。如今，在创作和参与文化交流之余，他把更多的精力放在传承这项技艺上。

在流光溢彩的舞台上，伴随着强烈震撼的音乐，两三个装有不同颜色美酒的酒瓶，一个接着一个被抛到空中，其中一个刚落下来，就被调酒师稳稳接住，而另一个又被抛了出去。只见调酒师双手来回舞动，两三个酒瓶在空中跳起了“芭蕾”……

你可别以为这是杂技，其实这是调酒师在调酒。每一次酒瓶落下，里面的美酒就像一根线一样注入调酒器中，几种酒相互混合，而每一次混合的容量也都恰到好处。几分钟过后，几种美酒被融合在摇酒壶里，再倒入一只晶莹剔透的酒杯中，一杯色香味俱佳的鸡尾酒就这样调制好了！

调酒，就是根据酒的性质，把不同的酒或其他原料掺在一起，调制成不同口味的酒。传统的英式调酒，动作规范雅致，待客温文尔雅；而美式调酒，在调酒过程中加入炫酷的耍瓶技巧以及魔幻般的互动游戏，和着动感的音乐与闪烁迷离的灯光，带给顾客视觉上的冲击与满足。相较于英式调酒，美式调酒更注重用花式的表演来吸引顾客，所以也被称为花式调酒。花式调酒能够活跃气氛，提高娱乐性。如今，这种调酒形式风靡于世界各地的酒吧。

近年来，调酒师渐渐成为一个热门的职业。那么，一名优秀的调酒师需要具备哪些素质呢？

花式调酒中赏心悦目的表演会让顾客得到美的享受。为此，调酒师必须练就敏捷规范、潇洒娴熟的抛接瓶技艺。音乐卡点准，动作难度高，既有节奏感，又有飘逸感，才能带给顾客超强的现场感染力。

常见的耍瓶动作：

- 翻瓶
- 转瓶
- 抛瓶
- 卡瓶
- 回瓶
- 起瓶
- 拖瓶
- 抢抓瓶
- 抛接火舞瓶
- 抛接喷火瓶

当然，花式调酒师首先是一名调酒师，而不是杂技演员，调制出香醇的鸡尾酒是首要任务。调酒师需要掌握调酒专业技术及相关知识，熟悉各种酒水的颜色、气味、口味、浓度等，掌握好各种酒水的比例和冰块的量，才能调制出色泽诱人、口味绝佳的鸡尾酒。不仅如此，调酒师还必须懂得鸡尾酒装饰艺术，在这个五光十色的时代，美的装饰能够起到锦上添花的作用。

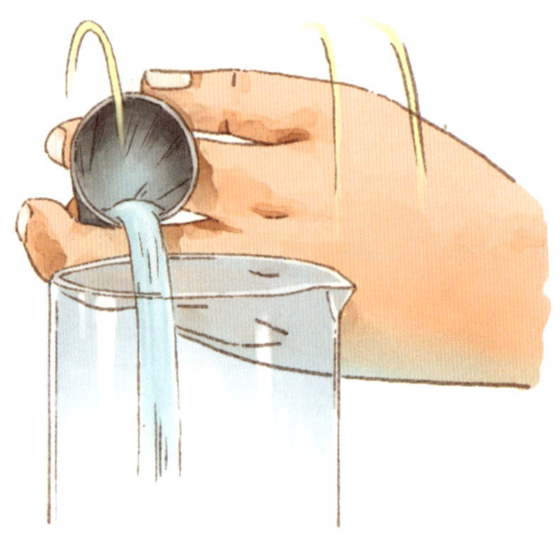

花式调酒是一种现场表演。调酒师必须理解调酒背后的价值，对调酒充满热情，才能自然地焕发出一种魅力，从而引发顾客对于调酒的兴趣。调酒师要有健康的仪表和高雅的风度，通过亲和的面部表情、优雅的肢体表达以及恰当的语言感染顾客，与他们产生互动，从而带动现场气氛。调酒师还要有稳定的心理素质，才能在大庭广众之下潇洒自如地表演。

调酒是一项舶来的技艺，中国的酒吧是在改革开放后渐渐多起来的。王勇在游轮工作期间，接触并学会了调酒，成为一名花式调酒师。2020 年，他展示的“花式调酒”登上了中华人民共和国第一届职业技能大赛“最受欢迎的中华十大绝技”榜单，并受邀在闭幕式上表演。他在表演中融入中国传统杂技的元素，还将中国传统草编艺术与现代鸡尾酒装饰工艺相结合。他以“干冰鸡尾酒”为主题，展现六听连环倾酒绝技，同时完成五杯彩虹干冰鸡尾酒的调制。其令人炫目的抛瓶技巧，搭配节奏强烈的音乐，给大家带来了强烈的视觉冲击，也赢来了阵阵掌声……

作为一个时尚前卫的职业，花式调酒最初并不被人理解。但王勇认为坚持就能赢得尊重。他深知，除了练就技艺，更需要服务精神，他把“让每一位顾客满意”作为信条。

2017 年，王勇在丹麦哥本哈根举办的第 66 届世界杯国际调酒师总决赛上获得第六名。2018 年，他在爱沙尼亚塔林举办的世界杯国际调酒锦标赛上荣获全球年度最佳调酒技术大奖和铜牌。作为一名教师，他的不少学生都曾在国内外调酒大赛中摘金夺银。如今，作为世界技能大赛湖北省技术指导专家，他期待他的学生能够在世界舞台上展示中国调酒技艺。

芜湖铁画

铁画，指用铁板、铁丝等锻制而成的图画。芜湖自古冶铁业发达，有“铁到芜湖自成钢”的美誉，芜湖铁画锻制技艺就是在此基础上形成发展而来的。芜湖铁画始于清康熙年间，由芜湖铁匠汤鹏在芜湖画家萧云从指点之下开创，至今已有 300 多年的历史。2006 年，芜湖铁画锻制技艺经国务院批准，被列入第一批国家级非物质文化遗产名录。

铁画是铁匠技艺与国画技法相结合的产物，也吸取了金银镶嵌、雕塑、剪纸等传统工艺的技法。匠人以锤为笔、以铁为墨、以砧为纸，锻铁为画，鬼斧神工，气韵天成。芜湖铁画既有国画的意境，又有雕塑的立体美。好的铁画作品远看墨色淋漓，近观锤痕斑斑，叩之叮咚有声，抚之铮铮骨立，富有坚韧的质感和力量的美感。

铁画的制作工艺精细而烦琐，匠人不仅需要有高超的锤锻技艺，还要有深厚的国画底蕴。铁画的工艺流程大致如下：

读稿。理解国画的构图和笔意，确定画面的内容及层次、虚实、疏密等。画好底稿后，通过临摹来理解和分析画作，进而明确作品的制作方案和处理技法。

冶炼。将铁板或铁丝等原材料放到炭火炉中冶炼至红软，以便于锻打造型。

锻打。参照画稿对原材料进行造型加工，通常包括红锻、冷锻与接火等环节。优秀的匠人能够通过熟练的锻打技巧把画的线条粗细、黑白层次、疏密薄厚及其立体感表现出来。

红锻，即把铁件烧至红软后进行锤打。红锻讲究火候和锤技，执锤的力道和落点要与手钳翻转铁件的角度、速度精准配合，才能打出所要的模样。

冷锻，即在铁件回温后进行锤打。冷锻的力度要轻，砸锤要平稳，要有千锤万锻的耐心，才能确保铁件内部细密、外部光洁，同时兼备较高的硬度和韧性。

接火，又叫红接。它是传统铁画的一种连接方式，是将需要组接的铁件置于火炉中加热至亮橙色，然后锻打需要结合的地方，使之融合。根据需要，有时会通过淬火降温使之成为高强度的统一体。

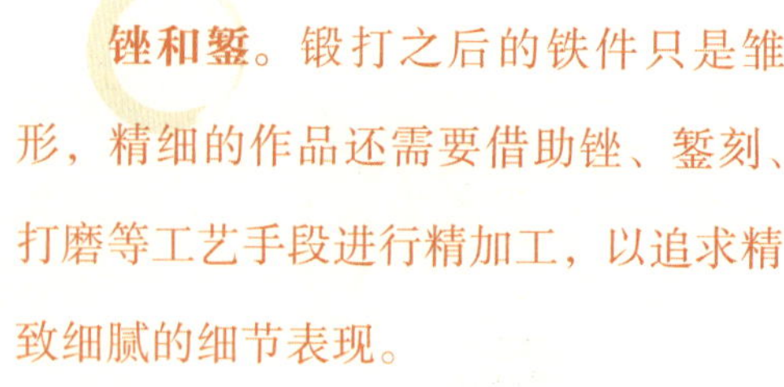

锉和錾。锻打之后的铁件只是雏形，精细的作品还需要借助锉、錾刻、打磨等工艺手段进行精加工，以追求精致细腻的细节表现。

焊接。把每一个锻造好的部件在画稿上比对出位置，根据画面需要将粗细不同的部件利用点焊机焊接成一个整体。

整形。焊接好后，还要通过剪、接、压、挤等方法对作品进行整体修整，以表现原画的神韵和铁画的立体空间感。

上漆。将锻造成形的铁画用酸水清洗，然后涂上油漆，以防止锈蚀，同时增强作品的光泽度。

装裱。通常衬以白底，装框成画，这样一幅完整的铁画就制作完成了。

晚清民国时期，因社会动荡、民生凋敝，曾经兴盛的芜湖铁画日渐式微。新中国成立后，政府委托当时仍健在的铁画唯一传人储炎庆牵头恢复这门传统技艺。1959 年，储炎庆带领众多匠人根据安徽画家王石岑的画稿，耗时两年时间完成了巨幅铁画作品《迎客松》，周恩来总理点名将之陈列于人民大会堂贵宾接待厅。芜湖铁画先后参加过法国巴黎世界博览会和匈牙利布达佩斯造型艺术展，并赴日本、意大利、尼日利亚等 20 多个国家和地区展出。

改革开放后，芜湖铁画得到了进一步发展。但进入 21 世纪以后，这项传统技艺就一直在走下坡路。市场经济的利益驱动不断影响着铁画质量，加上兼备国画和文学修养的铁画匠人出现断代，芜湖铁画面临技艺变形、失传的困境。值得欣慰的是，一代宗师储炎庆的家庭成员始终致力于芜湖铁画的传承与发展。其外甥杨光辉、女儿储金霞先后被确立为该国家级文化遗产项目代表性传承人。他们积极授徒，几十名徒弟如今已成为技术骨干。储金霞的侄子储铁艺是其中的佼佼者。

储铁艺，由外祖父储炎庆取名铁艺，取铁画艺术世代相传、发扬光大之意。储铁艺没有辜负家人的期望，初中毕业后跟随张家康、储金霞等人走上了铁画锻造之路。在储铁艺看来，铁画技艺虽是祖辈传承下来的技艺，但艺术追求要立足当下，不断创新。他非常注重从生活中寻找更多的灵感。为了把蚂蚁做得逼真，他特意在花鸟鱼虫市场买了几只蚂蚁，观察了一年多才进行创作。为了更好地把握动物的姿态，他还养鱼、养蟹，他创作的作品都活灵活现、栩栩如生。2020 年，他代表安徽省参加中华人民共和国第一届职业技能大赛，助力芜湖铁画锻制技艺入选“最受欢迎的中华十大绝技”。

作为铁画世家传人，储铁艺将芜湖铁画的传承与发展视为己任。2017 年 6 月，他作为国家艺术基金“芜湖铁画艺术人才培养项目”的专职教师，向来自全国各地的学员传授铁画锻制技艺。2018 年，他作为主要负责人牵头起草了安徽省地方标准《芜湖铁画锻制技术规程》。为了让这门传统技艺走进百姓生活，他勇于创新，不仅改良金属表面处理方法，用新工艺来表达国画中的“墨分五色”，还探索铁画与现代家居生活用品的结合，走文创融合发展之路。他坚信，芜湖铁画正在走向一个新的时代，他希望有更多的人加入进来。

拾

唐卡绘制

什么是唐卡？简单地说，就是藏族一种独有的卷轴布画。它是藏族独具特色的传统绘画艺术形式。其内容有佛、菩萨、佛经故事、藏医藏药等，涉及藏族的历史、文化、经济、科学技术及社会生活诸多领域，因此被称作“藏文化的百科全书”。

唐卡色彩明亮，用料考究。绘制唐卡的颜料取自天然矿物和植物，色泽艳丽，经久不褪。颜料的加工及色彩的调制与运用也都十分讲究。因此，唐卡虽历经几百年的岁月，画面依然光彩夺目、灿烂如新，从而成为中华民族绘画艺术宝库中的珍品。

唐卡一般绘在布或纸面上，其幅面大小悬殊，大的边长几米甚至十几米，小的边长不到一尺。一般选择平滑略厚的浅色画布。在绘制前，首先要把画布的四边缝在画框上，使其固定紧绷；然后给画布上胶和打磨，使其平整光滑；最后要矫正画布，使其平直紧致。

绘制一幅精美的唐卡，除了画框、画布、颜料外，还要准备以下画具：画底稿的炭笔或铅笔，上色、渲染和勾线用的粗毛笔、细毛笔、特细毛笔，以及笔筒、颜料盒等。

唐卡的绘制程序极为复杂，一般包括构图起稿、着色染色、勾线定型、画眉开眼等一整套工艺程序。绘制大幅唐卡用时较长，短则数月，长则数年完成。

步骤一：构图起稿，即根据所绘制的内容，先画出主要的定位线，再用炭笔画出素描草图，最后用墨勾成线描草图。

步骤二：着色染色，即根据画面所描绘的不同的景物、人物，涂上相应的颜色。上色之后要进行渲染，使画面具有立体感。

步骤三：勾线定型，即用线条勾出衣服图案、花卉纹饰等。勾线是唐卡艺术独特的绘画技法。要根据画面内容及表现需要，采用不同的勾线方法，使得线条的长短、粗细、浓淡、疏密、虚实、刚柔等处理恰到好处，从而达到传神动人的效果。

步骤四：画眉开眼，即唐卡作品以表现人物为主，而人物的重点在头部，头部的重点在眼睛。画眉开眼是唐卡绘制的最后一道工序，也是最重要的一步，因为人物的神采风貌及内心想法需要通过五官特别是眼睛来展现。画好眉眼，就能起到画龙点睛的作用，同时也预示着一幅唐卡即将完成。

贡觉杰是自治区级非物质文化遗产项目藏族唐卡勉萨派代表性传承人，他凭借精湛的绘画技艺和出色的临场发挥，使“唐卡绘制”获评中华人民共和国第一届职业技能大赛“最受欢迎的中华十大绝技”之一。他从 7 岁起跟随叔叔（中国工艺美术大师罗布斯达）学画唐卡，学习白描花了 4 年，学习上色、勾线等花了 3 年。7 年时间过去了，在叔叔眼里，他才是刚刚入门。然而，正因为他几十年如一日地精进磨炼，才造就了今天如此精湛的技艺。

根据中华人民共和国第一届职业技能大赛比赛规则，贡觉杰要在 5 分钟内现场完成一幅未绘制完成的作品。在宽阔的舞台上，一旁的摄像机对着他，身后的大屏幕全程直播。

贡觉杰沉着冷静，三五秒后就进入状态，技法熟练，一气呵成。唐卡绘制需要心静、眼准、手稳，而这种修养需要经过十多年的艰苦训练才能形成。

00:00:03:00

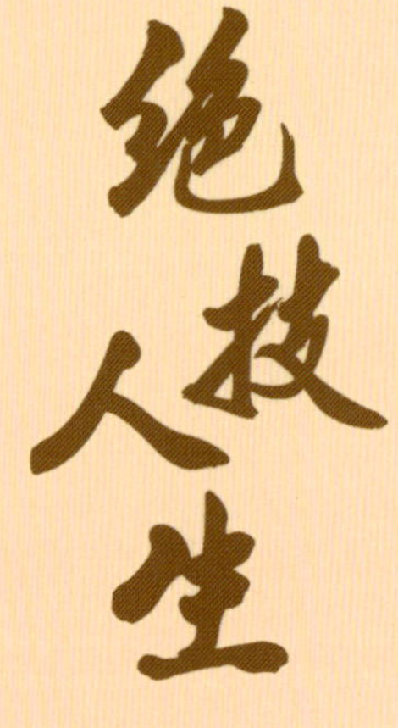

JUEJI RENSHENG

责任编辑　赵硕
责任校对　洪娟
责任设计　郭艳

ISBN 978-7-5167-5355-2

数字资源　天猫旗舰店　中国人力资源和社会保障出版集团

定价：20.00 元